화석이 된 발자국

화석이 된 발자국

김선경 시집

도서출판 태원

| 시인의 말 |

두 번째 시집을 짓는다
시를 쓴다는 건
한없이
작아지는 일
밤마다 텅 빈 골목의
바람이 내 이름을 불렀다

어디에도 닿지 못한 문장들이 서성일 때
그 무게를 견디기 위해 시를 썼다
다 여물지 못한 문장들
불규칙한 언어들이 부끄럽기만 하다

페이지마다 숨겨둔 온기로
따뜻한 발자국 하나 남기고 싶다

늘 버팀목이 되어준 소피아, 야고보 가족들,
고마운 지인 분들과 더불어
시의 기쁨을 나누고 싶다

2025년 10월

두 번째 시의 집을 짓던 날에 **김선경**

| 차례 |

시인의 말 \ 5

1부 \ 내 유년에서 그 겨울이 걸어온다

내 유년에서 그 겨울이 걸어온다 \ 13
겨울의 강 \ 14
김치 담그던 날 \ 15
망종 \ 16
분꽃 3 \ 17
시 낭송대회 \ 18
어머니의 보리밭 \ 19
시는 부재중 \ 20
청평사 풍경소리 \ 21
염낭거미 \ 22
바람이 울다 \ 23
음악이 머무는 집 \ 24
나는 치료 중 \ 26
커피맛 이야기 \ 27
미미다방 그 기억의 창 \ 28
주식투데이 \ 30

2부 \ 바람의 언어

바람의 언어 \ 33
길 \ 34
수레 위 바벨탑 \ 36
달빛 아래 \ 37
먹방스케치 \ 38
무안의 하늘 아래 \ 40
수상한 하루 \ 42
9월 \ 43
책의 도끼 \ 44
심판 \ 45
우도牛島에서 \ 46
민들레 풀씨 되어 \ 47
약국 그 명인의 길 \ 48
마이더스의 손 \ 49
김금원의 발자국 \ 50
의암호의 봄 \ 52

3부 \ 버킷리스트

    화마 \ 55

    가을은 생리 중 \ 56

    "바람트럭"을 낭송하다 \ 57

    같은 눈 다른 빛 \ 58

    돌아올 수 없는 길 \ 60

    버킷리스트 \ 62

    비의 발자국 \ 64

    비 오는 날의 자화상 \ 65

    소설小雪의 전설 \ 66

    안드레아를 떠나보내고 \ 68

    콜로라도의 강 \ 70

    겨울밤 \ 72

    새벽달 \ 73

    슈룹 \ 74

    핵 \ 75

    12월 \ 76

    잃어버린 너 \ 77

4부 \ 화석이 된 발자국

시의 바다 \ 81

미궁迷宮 \ 82

눈뜨는 골목 \ 84

화석이 된 발자국 \ 85

빗줄기 속에서 \ 86

3월의 하늘 \ 88

대장장이 \ 89

별을 보며 \ 90

삶이 자꾸만 아프다 \ 91

완장 \ 92

루저loser의 하루 \ 94

일상 \ 95

이태원의 그 별들 \ 96

바리스타의 일탈逸脫 \ 98

무너지는 기둥 \ 99

슬럼프 \ 100

엘리사벳 \ 101

5부 \ 내 삶의 바이올린

거울 속 그림자 \ 105

2월과 3월 사이 \ 106

내 삶의 바이올린 \ 108

늪 \ 110

망향탑 \ 112

일터 \ 113

문장의 산실 \ 114

묵상 \ 115

유정, 순례길 \ 116

봄·봄이다 \ 117

낮술 \ 118

붉은 낮달 \ 120

유정의 봄날 \ 121

실레마을의 봄 \ 122

윤희순 의사를 기억하다 \ 123

춘천 박 씨 부인 \ 124

상처 \ 125

1부

내 유년에서 그 겨울이 걸어온다

내 유년에서 그 겨울이 걸어온다

창밖에는 눈이 내리고
골목 끝 사이로 작은 목소리가 흐른다
"찹쌀떡 사려 찹쌀떡"
길게 이어지는 생존의 실타래
세상은 못 들은 척 해도
소년의 작은 외침은 골목마다 눈처럼 쌓인다

한 세상의 허기를 찹쌀떡처럼 꾹꾹 눌러 쥔 채
온 동네 골목을 울리던 목소리
귀를 닫은 창들이 하나 둘 눈을 뜰 때
소년은 다음 골목 다음 그림자로 사라지고
"찹쌀떡 사려"
그 긴 목소리만 빈 허공을 감고 돈다
밤마다 반복 되던 백색의 파열음
떡판을 메고 꽁꽁 언 소리로 세상을 두드린다

골목 귀퉁이를 누비던 아이 하나
작은 등처럼 한 덩이 삶을 짊어지고
다 팔지 못한 떡판 위에 어둠은 쌓이고
웅크린 배고픔이 하얗게 골목을 깨운다

겨울의 강

쩡, 쩡, 밤새 칼금 그어대는 강의 울음소리

맨발로 걸어오는 바람의 발자국 소리가
빙판 위로 스러진다

상처 난 엄마의 긴 겨울밤을
금실 같은 달빛으로 꿰매는 강의 수화

고열을 앓고 떠나신 하늘에서
엄마의 하얀 나비 날개로 눈이 내리는 겨울 강

비질하듯 기억의 멍울들이 내 뼈마디를 흔들고

오늘밤도 겨울 강은 언 몸 깨트려
천상의 소리로 핏빛 눈물을 쏟아낸다

김치 담그던 날

짜고 매운 삶이다
소한보다 마음이 더 추운 날
김치를 담근다
김치 속에 내 생生을 풀어 앉히듯
아픔을 다듬어 슬픔을 양념한다
양념처럼 붉은 상처가 부어오를 때
쓸쓸함을 버무린다
얼큰하게 간을 맞추면
내 심장 한 쪽이 용해된 듯
분노가 녹아든 듯
삶을 버티는 방정식이 된다
제 몸 이바지 할 김치와 수화하며 살아온 숱한 날들
쭈욱 ~ 찢어 한입 물고 희망을 씹는다
희망이 돋아나듯 슬픔 한 조각 꾹 삼킨다
김치 속에 가로누운 생의 언어들이 어둠을 넘어
새벽 강을 건너고 있다

망종

벼나 옥수수처럼 수염이 솟는 씨를 뿌린다

초후엔 사마귀가 들판에서 뛰고
중후엔 손님같이 때까치가 와 울고

말후엔 한 해의 숙제를 끝낸 듯
지빠귀가 울음을 멈추는 때

풍년에 들떠 보리 베기에 콧노래를 타는
동이 아버지

6월의 하늘에 삘기 꽃 같은 구름이 떠다니고
흐린 낮달이 뽕나무 가지에 걸리는 한낮

뻐꾹뻐꾹 뻐꾸기 소리에 오디가 까맣게 익어간다

실뱀처럼 가늘던 논둑길에서 동이랑 나는
해가 빠질 때까지 소꿉놀이로 엄마 아빠가 되고

부지깽이도 바빠 콩콩 뛰는 6월
그 유년의 들녘이다

분꽃 3

해질녘 피는 꽃

저녁 짓던 엄마의

쌀바가지 속에서 피는 꽃

그리움의 꽃

꽃분홍 시계 꽃

시 낭송대회

출발선 신호 기다리는 아베베처럼
4라는 숫자를 가슴에 달고
새가슴 뛰듯 콩닥거리는 숨 가쁜 순간
드디어 내 차례다
천 번을 읽고 백 번을 암기했는데도
칸나꽃같이 화사한 심사 위원의
모습만 들어올 뿐
사람들로 꽉 찬 공간은 암흑이었다

혼탁한 세상을 시로 노래하고
내 이야기인 듯 시를 읊조리고 싶었는데
지하철 타고 앉아 케이티엑스 타고 가듯
휙휙 빠르게 지나가 버린 시간
나는 비 맞은 참새 모습으로
무대를 내려서고 말았다

쥐구멍을 찾아도 보이지 않고
잉걸불에 달아오르듯 화끈거리는 얼굴
다리마저 저려와 걸을 수가 없었다
시선은 발등에 꽂혀 죄인 같은
부끄러운 하루가
느리게 내 몸속에서 걸어 나갔다

어머니의 보리밭

4월의 보리밭은 동심이다
파릇한 보리순에서 유년이 꿈틀댄다
푸른 고기들마냥 헤엄쳐
파도같이 일렁이는 청보리밭

황톳길 이랑 끝에 보리 꽃으로 피는
엄마의 온기가 보리처럼 익어가는 사월의 햇살
배곯던 "조반석죽"이란 행간에 걸려
장마처럼 긴 보릿고개
태산보다 높은 보릿고개를 넘었다는
엄마의 허기진 말씀

어둠이 물고 온 가난의 그림자
우물만큼 깊은 눈시울로 심장박동처럼 되살아난다
십삼 만 평의 푸른 바다 같은 보리밭가에
엄마랑 비벼먹던 보리밥

나무껍질 먹고 칡뿌리 먹으며 이어간 보릿고개
잃어버렸던 동심이 보리알처럼 영글어가는
청보리밭의 하룻길

시는 부재중

노동의 하루를 건너 시의 빈 방에 앉았다
문장의 날줄과 씨줄을 찾아 베를 짜듯
붓방아 찧어본다
시가 저만큼 문밖에 있다
기인~ 부재중

시의 배터리가 방전됐다
홀로 앉은 식탁 위에 식은 찻잔 같다

피겨스타 김연아 선수의 빛과 꿈은
한 번의 점프도 스핀도 아니었지
수천 번 은반 위에 엉덩방아 찧었다지
아픔을 딛고 일어난 피겨여왕의 석류알 같은
눈물이 갇혀있었지

한 움큼 꿈을 얻어낼 문학 집배원 기다리듯
하얗게 새운 밤
아침을 씻어놓고 뛰어야 하는
시 같이 시린 푸른 하늘이 내려앉은 날

청평사 풍경소리

11월 칼바람이 맨발로 달려와
처마 끝 풍경을 흔들고 간다
쨍그랑쨍그랑 녹슨 물고기 그 영혼의 소리가
참선을 향해 꿈을 꾼다

세상 비린 맛 다 털어내듯
천 번의 언어로 일만 번의 몸짓으로
깨어나라고 깨어있으라고 법문을 한다
누룩처럼 피는 삶의 곰팡이, 풀어진 삶이 헐거워
염장된 가슴이 아려온다

끊어도 끊어지지 않는 백팔번뇌의 파편들
죽어도 죽지 못하는 우담바라 꽃마냥
유마의 침묵처럼 고요를 담고 있다

내 가슴 처마 끝에 풍경 하나 달아놓고
산사를 내려오는 발길에 별빛 같은 사리만
툭툭 발목에 감긴다

염낭거미

유산처럼 남기신 엄마의 허드렛 바지
엄마 다리 꿰던 바짓가랑이에
내 다리를 꿰고 엄마가 되어 마트에 간다
바짓가랑이에서 폴폴 나는 엄마 냄새
울컥 치미는 가슴 한 켠으로 짜르르 통증이 지난다
염낭거미처럼 살다 가신 엄마
세상이 거꾸로 가도 딸은 아들이 못 된다는
불쏘시개 같은 말
곤충으로 태어나도 수컷이 돼야 한다는
유언 같은 말
아들을 낳지 못한 엄마의 핏빛 한이
급전 써야 하는 생각처럼 찰나의 통증으로
훅 ~ 들어온다
기억 속의 냄새, 암호 같은 향기
회오리 이는 엄마의 살내음
햇솜같이 포근한 엄마 생의 잔고를 톺아보며
하루의 문턱을 딛는다
시월의 낮달이 헛발 디디는 한낮

바람이 울다

골목 모퉁이에 낯선 아이가 울고 있다
일곱 살쯤 된 사내아이
알아낼 사람도 읽어낼 사람도 없이
내 눈과 마주치자 툭, 뱉어낸 한 마디

"엄마가 보고 싶어요"

상처를 내보이듯 울고 또 우는 아이
바람에 찢긴 나뭇가지처럼 엄마와 생이별한 듯
엄마가 슬어놓은 기억의 주린 날갯짓에
어린 가슴에 눈물이 빗물로 흐른다

엄마의 날개를 찾은 듯
처음 본 나에게 안겨 오래오래 우는 아이
먼발치서 아이 찾는 목소리가 가까워질 때
옆집 아이란 걸 알았다 이혼한 옆집 며느리 아이
꿈인 듯 지나간 한 순간에 나도 울고
골목도 울었다

엄마의 그늘 엄마의 굶주림 그 메아리가
텅 빈 골목의 허공을 오래오래 맴돈다

음악이 머무는 집

서면 오월리 그 봄의 집, 길은 휘어진 활 같고
골짜기는 슬러slur로 이어졌다
마당은 봄이 펼쳐놓은 악보
꽃잎 하나 나뭇잎 하나
음표가 되어 햇살같이 쏟아진다

텃밭의 이랑과 고랑은 땀이 일궈 낸 언어로
넋을 잃게 한다
계곡은 울림통 어릴 적 내 울음의 조각들처럼
웅웅, 삼켜버린 울음을 토해내듯
돌 틈을 튕기며 흐른다

봄의 튜닝을 끝낸 바이올린
그 아래 떨어지는 음의 씨앗들
현의 껍질을 두른 소리의 알갱이들이
바람의 숨결로 부화된다

내 안의 진동!
오선지 끝에 놓인 봄의 집에 나는 쉼표가 될 수 없을까

봄의 마당에서 나는 파가니니가 되어
칸타빌레의 문장 속을 걸었다
현의 울림으로 기억될 그 봄의 집
구름이 연못까지 내려와 한 채의 꿈을 짓는다

나는 치료 중

헛디딘 발자국 마비된 감성

가을매미 허물벗듯 벗어버리고

몸, 말리는 중이다
치유하는 중이다

단 한 줄 문장을, 꿈을

새기는 중이다
포장중이다

신에 붙들린 포로처럼

커피맛 이야기

부드러운 라떼처럼 만나

달콤한 카페모카처럼 살다

쓰디쓴 에스프레소처럼 헤어져

아메리카노처럼 후루룩 마셔버린 바리스타의

커피 한잔, 공허 한잔

미미다방 그 기억의 창

좁은 계단을 오르자 퍼지는 커피 향
춘천 명동 미미다방은 젊음이 모여들던
섬 같은 곳이다
작은 부스에서 돌아가는 턴테이블
디제이는 누군가 건넨 쪽지를 들고
라디오처럼 사연을 읽는다

비틀즈의 "예스터데이"가 흐르면
첫사랑의 얼굴이 창가에 겹쳐 앉았고
사이먼 앤 가펑클의
"험한 세상 다리가 되어"가 울리면
먼 길 떠난 친구의 뒷모습이 눈가에 번졌다
음악은 마음을 전하는 편지
서로의 고백을 잇는 다리였다

친구의 입영 소식을 노래로 달래던 시절

잘 가 ~ ~
그 인사가 먼지 되어 흩어지고
내 심장은 커피처럼 식어갔다
떠나야 할 슬픔과 남겨진 아픔이 엉켜 울던 곳
이제 기억 저 끝에 남은 미미다방
청춘의 레퀴엠으로 찻잔 속 깊이 묻어 두었다
한 장 흑백 사진의 풍경으로 울리는
오래 된 멜로디다

주식투데이

단타로 대박 난 친구
나는 그 그림자 밟다가 뜬구름 되었다
심장에서 쿨럭쿨럭 선혈을 토해내고
눈이 부풀어 앞을 볼 수 없었다

마약 같은 주식을 끊었다

코로나19, 감옥 앞에서 쥐었던 몇 개의 알
파란불 빨간불이 요동치는 스크린 창
가슴이 바운스 바운스 널뛰듯 한다
단타의 파도를 타고
개미들은 실성한 듯 웃다가 울며
곡소리를 낸다

객장이 닫혀 허기진, 텅 빈 오후길
나 잃은 나를 데리고 낡은 뒷굽에 끌려가는
귀갓길

2부

바람의 언어

바람의 언어

엄마의 빈 방은 얼음보다 차갑다
낡은 틈새로 스며든 바람이
텅 빈 방을 메우고 있다
엄마의 속울음처럼 문풍지가 울던 밤
문풍지 한 장에 겨울을 붙들고
한숨을 실어 창틈을 막던 엄마
바람의 입은 막히고 한기가 물러났지
서릿발에 언 아버지의 기다림까지 발라내며
엄마의 체온만 창호지에 머물렀던 그 시린 날들
얇디얇은 그 체온이 담장이 되어
나는 겨울을 따뜻하게 잘 건넜다
엄마가 하늘나라로 이사 간 뒤
살 속에 남은 온도
뼈아픈 후회가 뚝뚝 떨어진다
내 심장 뒷면에 거울같이 붙어있는 후회
문을 닫아도 따라오는 빈 방
겨울밤보다 긴 고요가 등뼈에서 울고 있다
손끝에 맺힌 내 겨울이
엄마의 혼 같은 장독대 옆에서 별처럼 떨고 있다

길

자정이 넘어선 깊은 밤
어금니에서 나무 뚫는 딱따구리 소리가 난다
오한이다

질병의 시작인가
어둠 속으로 몸이 기운다

저승에 귀 하나 열고 이승에 귀 하나 열고
이승과 저승의 거리
그 승이란 곳에 서 있는 것인가
저승의 길이 되신 엄마의 발자국 위에
서 있는 것인가

마른 풀같이 누워 바스락대는 밤이 강처럼 깊다
한 줌 먼지가 될 죽음이란 바다
생은 가물가물, 고통의 늪인가

어디선가 물소리 넘어오듯 들리는 곡소리
메멘토 모리* 메멘토 모리 ~ ~
눈을 떴다
창밖에 장대비가 짐승처럼 서서 울고 있다

---

* 메멘토 모리: 너 죽음을 기억하라는 뜻 라틴어 입니다

수레 위 바벨탑

폐지 주워 싣고 가는 할아버지
덜컹대며 굴러가는 낡은 리어카
잠들지 못한 새벽의 바람을 뚫고
바벨탑처럼 높이높이 쌓아 올린 박스더미가
골목길을 깨운다

거미 같은 몸으로 배만 한 리어카를 끄는 생의 언덕
폐지 값 폭락에 하루 품값은
오천 원이 전부란다
번개 치듯 빠른 세상 그 너울 파도에
목숨 줄 벼랑 끝에 매달려
징검다리 건너듯 절뚝이는 발걸음이 천근만근이다

고해성사 같은 짧은 넋두리는
몇 달 전에 떠난 할머니 곁을 찾는 지친 몸
살아야 할 까닭에 한 꼬집의 기쁨과 희망을 줍듯
폐지와 빈병을 챙기는 노인의 뒷모습
그의 아픔이 긴 바람 소리로 건너온다

달빛 아래

한 줌
흙이 되고 싶다

한 줌
먼지가 되고 싶다

나조차 성가신 날

너와 나 사이

거미줄 행간에
매달린 사이

먹방스케치

입소문 타고 고성 막국수 집에 왔다
개미 행렬같이 끝없는 줄
두 시간씩 기다리며 먹는 면식 투어
들판만 한 모험에 뛰어든 일인분의 코스다

오후 3시 넘어 배꼽의 스위치가 움직인다
국숫집 간판이 노랗게 우주를 흔든다
바람의 한숨이 비켜갈 때쯤
좌식 테이블에 앉았다
똬리 튼 막국수 위에 계란 반쪽이
망초 꽃처럼 예쁘다

사나흘 굶은 걸인들처럼 후룩후룩 국수 넘기는 소리
고요를 깬다
뚝뚝 끊기는 힘없는 식감
맛, 맛은 그저 밀풀 맛이다
이 맛 찾아 하루를 태우다니, 혼잣말로 돌직구 날리는 순간
"다 드시고 재 뿌리세요"
아들의 일침에 활 맞은 심장이다

가슴 모퉁이에 매달린 통증이 가시가 된다
하루치 삶을 저녁노을에 걸어 놓고
고성*高城을 건너오는 춘천이 안개 내리듯
땅거미 진다

---

* 고성: 강원도에 있는 지명

무안의 하늘 아래

강철의 날개가 하늘을 가르며
지구 속으로 흐른다
순간!
비행기 몸은 휘청이고 삶과 죽음의 행간에
떠있는 비행기

메이데이 메이데이~~
절박한 외침은 하늘의 허공을 찢고 심장을 쪼개고
구름 속을 헤매는 시간
끝내 닿지 못한 채 운명의 실은 끊어졌다
벽에 부딪혀 산산 조각난 비행기
짧은 부름 속에 담긴 181인의 심장
179인의 심장은 별이 되고
불꽃같이 사라진 이름들
2개의 심장만 남아 미아처럼 운다

하늘은 왜 그들을 놓아 버렸을까
땅은 왜 그들을 받아주질 못했을까
한 줌의 바람에 흔들리는 저 묵직한 침묵
절규의 울림 그 아픔이 무안의 땅을 치며
상처로 남는다
내 가슴에도 아픔의 긴 강물이
끝없이 흐른다

수상한 하루

과태료 떼고

보험료 떼고

세금 떼고

수리비 떼고

두근두근 심장을 꿰메는
생의 막과 막 사이

한 세상

길이 위독하다

9월

키 큰 하늘이

백지 되어

고추잠자리가 시를 쓴다

시는 구름 날개로

의문 부호 하나 찍고

처마 끝에 매달린 여름이

투 욱 ~ ~

떨어진다

책의 도끼

책은 도끼,
생각의 숲을 벨 수 있는 도끼다
낡은 나무를 넘어뜨리고
문을 여는 열쇠같이 파고든다
칼날 같은 책 페이지는
깊고 날카로운 물음으로 나를 자르고
나는 그 속에 갇힌 고양이처럼
끌려가 그림자 되어 사라진다
책을 펼치면 시간이 멈춘다
그 안에서 살아있는 모든 순간들이
내 심장을 두드린다
결국 나는 도끼가 되어
문장을 쪼개기 시작한다
페이지를 넘길 때마다
잠든 낱말들이 속삭인다
무뎌진 감각의 얼음을 깨고
잠든 영혼을 깨우는 길이다

심판

하이힐 굽이 꺾였다

지구를 잃었다

달려간 구둣방

탕 탕 탕

내 발에 못질을 한다

몇 초 만에 되찾은 발

탁 탁 탁

즉결 심판하듯

구두 수선공 판결봉 소리

가슴을 쓸어내렸다

우도牛島에서

바다에 누운
신선 같은
구름 한 조각
아득히 홀로 떠 돈다

우도봉
망망대해
해무 한 줌
끌어안고

황소 잔등 같은
한 믿음이
내 마음속에서
꿈틀대는 물결

화산섬을 등에 지고
탐라국을
온종일
혼자 걸었다

민들레 풀씨 되어

잘 있어,
그 목소리에 가슴이 무너진다
눈가에 푸른 달무리 지고
미라처럼 누워 있는 임종의 방
바닥엔 낙서한 듯 머리카락 몇 올 흘러 다니고
아픔의 모서리 딛고 내민 삭정이 같은 손
마른기침이 적막을 깬다

나를 고문하는 너
나는 작달비처럼 울었다
창밖엔 천둥 치고 우박이 내렸다
철거덕 닫치는 마음의 셔터
심장에 클랙슨 소리가 요동친다
그 통증에 핏빛 멍이 옹이진다

가을 햇살같이 짧은 생生
열 뼘쯤 되는 생, 부려놓고
민들레 풀씨 되어 하늘로 훌쩍 날아간 너
생의 무단 횡단한 너를, 헛것 본 듯
가슴이 텅 빈 항아리로 울린다

약국 그 명인의 길

명동이 눈을 뜨지 못한 이른 아침
줄을 선 환자들의 발자국 소리
약국은 작은 병원의 대합실이다
병이든 마음들이 잠시 눕던 쉼터
약사님의 손끝은 숨죽인 상처 위에
폭풍 속 등불처럼 환자들의 아픔을 달래는
연고였다

폐렴의 아래턱과 위턱이 급소를 물고
약사님 가슴을 휘감은 회오리
유자빛 햇살이 쏟아지던 늦여름
끝내 고통의 강을 건넌 명인의 운명

죽음을 방생했다

닫힌 셔터 앞, 문틈 사이로 남은 온기
흰 가운은 허공에 걸려 있고
돌기둥처럼 꿋꿋이 서있던 약사님의
그림자만 바람에 흔들린다
내 숨이 멈추는 날까지 울릴 가슴의 종소리
몇 평의 적막 앞에 멈춘 명치끝이 가시에 찔린 듯
한 줌 흉터로 남는다

마이더스의 손

가슴 북 치게 하던 괴짜

일터마다 손사래 치던 퇴짜

시간을 버리고 시간을 갉아먹던

어느 날,

신의 손처럼 단 한번 터트린 김밥 타짜

로또 같은 하루치가 일천만 원

흙수저 닦아 금수저 된

드라마 같은 천운의 요셉,

김금원의 발자국

열네 살
담장 밖 세상의 문턱을 넘어
꿈을 꾼 소녀
남장의 그림자를 두르고 호동의 길을 걸었다
하늘과 땅이 숨을 섞던 금강산
관동팔경을 돌아 한양의 흙먼지를 삼키던
여성 첫 여행자
가슴이 천 개의 강이 되어 흘렀다

돌아온 길목
규방의 경계 속에서 비파 현 위의 달빛은
첫 시의 씨앗을 키웠다
조선의 어둠을 뚫고 시대의 틈을 뚫고
호동의 물소리와 서락의 바람을
글로 묶어 남긴 "호동서락기"
조선 여성문학의 첫 별이 되었다

삼호정 시사를 이끌었던 시인
시 기둥 아래 불러올린 말들이
누군가의 가슴에 별의 언어로 번역 되었다
그 별 아래 나는 아직 그 바람을 듣는다
묵묵히 시의 꽃을 피운 선구자

의암호의 봄

새벽은 투명한 손
밤이 남긴 문장을 지울 듯
동쪽에서 빛이 솟는다
나뭇가지마다 어젯밤의 숨결을 쓸어내고
새들은 공중에 작은 물결을 그린다
저마다 다른 음표로 전파를 주고 받는다

새들의 날개는 각도가 달라지고
한 곡조의 선율처럼 공기를 조율하면
의암호 호수는 긴 잠에서 깨어나
몸을 뒤척이기 시작한다

햇살이 물살 위로 내려앉는다
잔물결이 안개처럼 퍼지고
바람은 이름 모를 편지를 쓴다
호수를 번역 하듯 느린 호흡으로
의암호 하루가 눈을 뜬다

3부

버킷리스트

화마

불은 산을 입에 물고
검은 혀를 늘어뜨린 채 산의 뼈를 삼킨다
등뼈 같은 능선을 핥고 마을을 핥고
목숨가진 것들의 등을 핥으며 열에 떨고있다
바람이 낳은 붉은 파도의 날갯짓
미친 듯 날뛰는 짐승의 홍채다

불의 혀는 철근을 비틀고
지붕은 검은 깃털이 되고
집과 산의 맥을 짚지 못했다
남은 건 불 꺼진 문지방에 집 잃은 자들의 아우성
손바닥만 한 온기를 움켜쥔 채
새벽을 기다리는 사람 사람들

불은 모든 것을 삼키고
검게 식은 입술로 혀를 잃은 채
재가 되어 누워 있다
누군가 그을린 손으로 무너진 터를 들어 올려도
속살은 기억조차 뜨거워 손댈 수 없는 허공
마지막 핥고 간 자리, 잠들지 못한 언덕에서
첫 울음 같은 연기가 피어오른다

가을은 생리 중

투 ~ 욱 ~

가을이 투하한다

몰몰 가을이 피어난다

활활 가을이 탄다

토실토실 익어가는

저 고요의 발자국

내 혼을 긁어낸 가을,

가을이 하혈하는 중이다

"바람트럭"을 낭송하다

무면허 운전하듯 남의 시를 낭송했다
면허 없는 "바람트럭"
신호등도 중앙선도
이정표도 없다
구름마냥 허공에 붕 떠
시인의 시 속을 달렸다

읊어낸 시어들은 잔물결로 반짝이고
문장들은 음표를 달고
청중들 머리 속에서 꽃으로 피어난다

바람 바퀴를 굴려
"수천 개 바람자국을 낸 호수 위를"
바람 빠진 바퀴처럼
시의 바퀴가 내 가슴에서 출렁인다

죽비로 어깨를 맞은 듯
가슴 덜컹대던 삼분간의 시詩 운전
흘깃 내다본 하늘이
내 가슴보다 노랗게 탄다

같은 눈 다른 빛

아이의 한 쪽 눈이
달무리 진 듯 해무리 진 듯
물기 먹은 봄달처럼 흐릿해 보인다 한다
밤늦도록 독서실에 엎디어 공부하는 스텔라
밤에는 한쪽 눈에 낀 렌즈로
하루하루의 빛을 맞추며 사는
같은 눈, 다른 빛의 아이
"몸이 천 냥이면 눈이 구백 냥"인데
아이의 엷은 눈 한 쪽이
내 심장에 박힌 듯 해일이 인다

시련을 견뎌 온 십 대의 봄날, 앙다문 그 아픔 뒤로
그 빛 얼마나 간절했을까
네 어둠 네 침묵의 골고다 언덕
"아이야 일어나라 아이야 일어나라"라는
성화聖畫 앞에서
욥의 기도처럼 하바쿡의 기도처럼
나를 우려낸 희망의 기도를 올린다

어두운 밤일수록 별은 더 빛나듯
벼랑 끝에 매달린 샛별 하나 만나러
기적의 문 앞에서 서성인다
생은 한 치 앞을 볼 수 없는 안갯길
구하라, 두드려라, 열리리라, 심장의 천둥소리
핏빛 난관에 징검돌처럼 엎디어
나는 어둠에서 빛으로 가는 새벽을 깨운다

돌아올 수 없는 길

베트남의 상처가 가시처럼 박혔다
고엽제 후유증!
목에 구멍을 내고 죽술연명으로 살아야만 했다
항생제를 벗어날 수도
링거줄을 넘어설 수도 없었던 요왕*

침대 곁에 죽음이 서성댄다
어둠의 늪에 빠진 듯 달싹이는 입술
그 언어들을 암호로 남긴 채 떠난 새벽
조국을 위해 싸운 백마의 용맹이 숨 멎었다
태극기 펼쳐진 목관에 뼈 한 벌로 누웠다

다비소 굴뚝에 깃털구름이 나부낀다
숨죽인 60분, 한 줌 재가 되어 나왔다
슬픔이 고인다 옷깃이 젖는다
현충원 봉안 111동 221호
책장 같은 추모관에 정물처럼 모셨다
이제 요왕의 순례길이 끝났다 고통이 막을 내렸다

영면하소서 용사여!
영원히 잊지 않겠습니다
심장 한켠에 욱여넣은 아픔이 부어오른다
죽음과 삶의 경계에 서 있는 내 가슴이
텅 빈 하늘 같다

---

* 요왕: 가톨릭 세례명

버킷리스트

미국 서부의 심장 애리조나주
눈앞에 펼쳐진 대협곡
고철 같은 경비행기로
바람과 구름 사이, 깊은 계곡, 전설의 바다 밑까지
독수리처럼 날았다

바람의 마법이 빚은 오색 팔레트
2십억 년 시루떡 같은 단구들이 켜켜이 쌓인 시간의 골
미로처럼 엉킨 채로 바다가 그린 그림
신이 조각한 지상 최대의 걸작 그 위로
구름마냥 짧게 떠있던 시간들

커튼 같은 협곡 사이사이로
겹겹이 접혀진 태고의 비밀 다 담아 낼 수 있을지

발아래 콜로라도 강은 서부 사람들의
생명의 어머니인 양 도도히 흐르고

비탈진 산길 같이 내 굴곡진 삶을 보듯
상상 속 여행을 이룬 하늘 길

그랜드케니언 한 페이지의 전설을 스케치한
나는 꿈의 아바타다

비의 발자국

비 오는 날엔

창가에 흐르는 빗물처럼

내 가슴 곬에도

보고픈 한 사람

빗물처럼 흐르고 있다

비 오는 날의 자화상

그림자를 두고 홀로 걷는다
젖은 우산마냥 빗물로 흘러 긴 강을 건너간다

그믐날 같은 생이 몸살 앓는다

어둡던 창들이 하나 둘 눈뜨는 모퉁이에서
저녁을 돌아 젖은 발 끌고 돌아오면
하드에지처럼 일그러진 액자 속 내 얼굴

그림자로 얼룩진 얼굴, 나의 맨발이 서성이는 밤

켜켜이 쌓인 생의 먼지들이 여기저기서 파닥인다
어둠이 내린 창에 빗물로 흐른다

빗물 머금은 가을은 몇 줄기 빗속을 떠돌다 사라지는데
나의 가을은 빗물 같은 우울 속에서
우산을 접는다

소설小雪의 전설

검버섯 핀 나루에 칼바람 분다
파도가 운다
손돌의 텅 빈 생이 강화도 바다를 뒤척인다
소설*小雪에 찾아오는 덕포진 바다의 붉은 상처들
바다 깊이 깃드는 전설의 한 페이지가
바람의 날개로 퍼덕인다

바람으로 환생한 손돌의 낱말 그 충성심
왕이시여~
"어찌 제게 믿음을 주지 않으셨나요?"

왕의 옥생각에 부서진, 사공의 얼룩진 영혼
뱃마루에 떨어진 주검의 핏빛 파열음
뼛속까지 시린 찬바람은
눈물도 얼게 하는 천 개의 바람이다

그 사공의 언어가 시의 혈관 속으로 흐르고
서리태같이 까맣게 방울져 떨어지는 눈물
소설, 그 첫눈을 빚고 손돌바람이 들이치는
긴 겨울밤이다

---

* 소설小雪: 고려시대의 전설로 내려오는 설화문학

안드레아를 떠나보내고

한 움큼 재로 나온 아들을 가슴에 안고
여든다섯 노모는 하늘이 캄캄하다

걷는 길마다
멈추는 곳마다
내딛는 발자국마다
떨어지는 핏빛 눈물

생때같던 아들은 엘리트 전문의였다
암은 잘 먹고 걷기만 하면 이긴다, 믿었던 마음
말 없는 암은 말기로 전이됐다
자신도 몰랐던 급성 암
짧고 굵게 단편처럼 살다
주소 없는 하늘 향해 천륜을 끊고
한 마리 새처럼 날아갔다

홀어머니의 뻥 뚫린 가슴엔
어떤 문장도 위로도 메울 수 없는 터널 속
혼자만의 아우성이다
그곳에 갇혀 안드레아만 찾는다
그림자만 찾는다

나도 가고 싶어, 죽고 싶어, 허공을 휘저으며
토해낸 말들 언제 꺾여 나갈지
베란다에는 안드레아가 사 놓고 간 랜디 꽃이
빨갛게 피어 파르르 파르르
안드레아의 몸짓인 양 떨고 있다

콜로라도의 강

역마살 바이러스에 걸렸다
펄펄 끓는 가마솥더위를 타고
사막 한가운데 콜로라도의 강 나루터에서
물 택시를 탔다, 달 밝은 밤이다

만월로 꽉 찬 하늘이
하얀 이를 드러내고 웃는다
기억의 조각에서 토막 난 미국 민요가
놀잇배 안에서 만돌린 소리로 퍼진다

"반짝이는 금물결 은물결 처량한 달빛이여~ ~
콜로라도의 달 밝은 밤은 물결 위에 비치네"

나는 가수 은희가 되어 목젖이 붓도록
노래를 불렀다
그 달 밝은 밤의 신화를~ ~

아직 혈관 속에 강물처럼 흐르는 시가 있다
가슴에 달빛처럼 흐르는 노래가 있다
밤이 둥그렇게 눈을 뜬다

달빛 흐르는 소리에 깊은 잠에 취한 강
천년의 그리움 읽어낼 푸른 수면이
총총 샛별을 부르고 있다

겨울밤

붓 도리깨 들고

별 타작 달 타작

문장 타작만 하다가

마음 속 언어 다 부서진 뒤

가슴에 숭숭 바람만 오가는

불면은 길고

겨울밤은 소양강처럼 깊다

새벽달

반쯤 부서진 아스피린같이
하얀 얼굴로 떠있는 새벽달이
창가에 와 기웃댄다
영혼의 현絃처럼 떠오르는 달 같은 한 사람
조립하지 못한 기억의 틈에서
핏기 없는 달처럼 떠오른다
심장의 통증들은 살아서 꿈틀대듯
캄캄하게 아프고 두더지 같은 고요가
차오르는 새벽녘
생의 한 페이지를 훑어낸 가슴
산등성을 건너온 새벽달만 안다
노숙하던 바람이 맨발로 떠나는 새벽달을 배웅하고
시작의 길을 연다
하루가 달려온다

슈룹

파뿌리 같은 봄비 한 단

당면 같은 소나기 한 단

금실 같은 가을비 한 단

내 생生의 언덕은 비 오는 날이었다

눈물방울 같은 모음과 자음의 날갯짓

빗방울처럼 외로웠다

나는 비를 타고

맨발로 서서 젖은 슈룹을 펼친다

핵

할레마우마우* 분화구처럼

부글부글 끓는 심장

화산 같다

그 찰나!

100일을 참아 빛을 발하는 반딧불이

100일만 미치기로 했다

창밖에서 어둠이 반짝인다

---

* 할레마우마우: 빅 아일랜드 킬라우에아 화산

12월

낙엽 한 잎

달력 한 장

달빛 한 스푼

천둥 같은 막달의 허공

잃어버린 너

너 하나 떠났는데

텅 빈 세상이다

잠은 마르고 한생을 뒤척인다

촛농처럼 흐르는 밤……

4부

화석이 된 발자국

시의 바다

밤마다 글이 가난해 잠이 말랐다
머리 속에 솥을 걸고
끓여 담아 낸 글
여물지 못한 깜부기처럼
까맣게 재가 된다

바람 속 서늘한 달빛 창에 걸어두고
어디로 가있는지
너를 찾다 실타래같이 헝클어진 길
터벅터벅 잠 그림자에
접시가 된다

밤이 나를 깨운다
시어의 바다로 항해 하라고
마음 늪 한기 들지 않게
멀리 솔로몬 함성이 들린다

미궁迷宮

억지의 무게를 저울질할 수 있을까
기마대 검처럼 서슬 퍼런 저 몸짓도 그려낼 수 있을까
검 들지 않고 내 감정을 난도질하는 사람, 사람들
암표같이 오고 간 물증 앞에서도 꿩이 닭이란다

신분증 같은 양심을 볼 수 있다면
가슴의 지퍼를 열 수 있다면,
이카로스처럼 날개 달고 탈출하고 싶다

캄캄한 터널 속을 칠백삼십 일을
걷고 또 걸었다
검은 손을 거역할 수 없게 가위질만 해댄다

숨이 멎는다

분노의 사슬에 묶여 곤두박질치는 상처들
뼛속까지 흘러든다
닫아걸어도 욱신거린다

내 안에 물 흐르듯 눈물 흐르는 소리
잠 뒤척이는 악몽의 나날들

정지된 난간에 앉은 어깨가 어둠의 날개를 적시고 있다

눈뜨는 골목

햇살로 씻은 얼굴들 손잡는 오후
맥놀이소리가 춘천 명동 길을 달린다
졸고 있던 닭갈비 골목이 부스스 눈을 뜬다

2년여 만에 기지게 켜는 상가들
콩나물시루같이 발 디딜 틈이 없다
숨통 트인 상인들의 눈빛이 전신주에 걸려 펄럭인다

숯불 피는 연기
환각제처럼 닭갈비 골목에 안개꽃을 피운다
FM 주파수에서 울리는 맑은 목소리를 만난 듯
긴 시간 녹음해 둔 침묵이 사각 창에 걸려
깃발로 흩날린다

돌같이 굳었던 마음들이 밀초처럼 녹는다
펜데믹, 엔데믹의 징검다리를 건너
잠들었던 골목이 해맑은 얼굴로 피어난다

팡하고 봄이 터진다

화석이 된 발자국

항구는 폭풍전야다
뱃길 끊긴 묵호항, 페리가 피항 중이다
울릉도행 뱃머리를 기웃대던 날
소금물 튄 여관 간판은 손님을 호객하고
집어등 따라 들어선 여관 마당
낡게 그을린 형광등이 눈을 깜박인다

태풍 마이삭에 발길 멈춘 내 발자국
사막에서 길 잃은 어린 여우처럼 단물 빠진 껌처럼
눈물 비벼내던 밤
하얀 칼끝같이 밀고 오는 파도의 공포
서슬 퍼런 분노가 독감같이 파고든다
잠을 청해보지만 낯선 항구에선
잠도 길을 잃었다

페리에서 쪽잠 자고 눈 뜬, 울릉도
빨랫줄에 집게 문 오징어들이 내 잠을 깨우듯
만국기로 흔들린다
유배지 같은 울릉도에서 길 잃은 나
화석같이 오래된 발자국 위로
내 잃어버린 꿈의 시간을 찾는다

빗줄기 속에서

어둠이 옷을 벗는 시간
기도의 시간이다
나를 만나는 길 영혼을 비워내는 시간
바이러스 같은 언어들이 기도를 막는다

뼈 없는 동이비는 쉼 없이 퍼붓고
외벽 사이사이 틈에서 콸콸콸
봇물 터지듯
늑골까지 차오르는 키 큰 장마

길 없는 길 위에 서서 나는 소나기처럼 울었다

삶이 바위보다 무겁다
먼지 낀 일터로 내딛는 발자국
옹이같이 들어앉은 힌남노의 날갯짓에 가슴 북을 친다
쓰나미 같은 벼락이 주홍 글씨로 밀려온다

땅이 꺼지는 물난리에 갇혀
몸을 떨고 기침하는 빈 상가들
누더기 같은 가슴을 쓸어내린다
모르핀처럼 지난 생의 도랑을 건너는 바람 소리

순간 여름은 지고 가을로 내려앉는다
눈 먼 어둠이 이끼 같은 새벽을 마중한다

3월의 하늘

유정의 발자국 책장 넘기면
봄으로 피는 노란 동백꽃
그 향기 3월을 밟고 온다

별처럼 반짝이다 사라진 얼굴
별이 지듯 그렇게 지고 만
동백꽃 꽃잎, 꽃잎,

그 꽃잎 지듯
유정의 짧은 한 생
3월의 하늘에 묻힌다

대장장이

이른 새벽
아버지는 불씨를 깨우고
터진 손으로 풀무질을 하며
쇳덩이를 달군다
뜨거운 불꽃이 튀어 오를 때마다
피와 땀이 뒤섞여 흐른다
망치질 소리 따라
아버지의 심장도 두드린다
모루 위에서 탄생한 낫 한 자루
호미 하나에 아버지의 혼이 깃들어 있다
가족들의 목구멍 풀칠하기 위해
쇳물을 녹인다
해 질 녘
지친 몸을 이끌고 돌아가는 아버지의 뒷모습은
노을에 물들어 더욱 붉어진다

별을 보며

울고 싶은 날

시를 썼다

보고 싶은 날

시를 썼다

그냥 시만 썼다

삶이 자꾸만 아프다

마른번개 같은 역병의 나날들
벗어날 수는 없을까
작은 간판들이 마주 보는 먹자 골목
톱날같이 칼칼한 바람만 기웃대다 돌아간다

마늘쪽만 한 낮달이 엿보는 한낮
수십 년 살아온 생의 터가, 언 채로 잠겨있는 문고리
한숨 소리에 땅이 꺼진다
도미노 블록같이 허물어진다

헛간 같은 빈 가게들만 움푹한 눈을 굴리고 있다

뺨 위로 두 줄기 뜨거운 강이 흐른다
매미처럼 소리 내어 울고 싶다
돈맥 경화에 걸린 골목에 통곡하듯 스치는 회오리
문 앞에서 잘못 온 택배마냥 웅크려 앉아있다

뜯어진 심장에서 상처와 아픔들이
콸콸 쏟아져 흐른다

언제 볕 들고 이 골목의 기혈이 뚫리려나……

완장

문 닫힌 가게는 삶의 전부였던 일터
서랍처럼 입 다문 채 눈만 굴리고 있다
밥벌이에 나선 문 밖
손바닥만 한 일터를 찾아간 날
그곳은 지옥이었다

결이 다른 업
사이비 교주마냥 맹종을 강요하는 완장의 갑질
나는 노예가 된 듯
그 언어폭력에 튄 파편에 맞아
심장이 미더덕같이 쪼그라들었다

시장에서 만나면 이웃 아줌마일 뿐
완장 하나 차고 별을 단 듯
권력의 광기가 소나기같이 쏟아진 하루다
분노와 공포로 가위눌려 뒤척인 밤
골다공 된 가슴에 찬바람만 숭숭 넘나든다

해리포터의 서사처럼
"오블리비아테*, 오블리비아테"
주문을 걸고 외친다
응어리진 심장이 허공을 떠돈다

---

* 오블리비아테: 해리포터가 마법학교에 다니면서 겪게 되는 판타지
 이야기 중 기억을 지우거나 수정할 때 외우는 주문

루저loser의 하루

구겨진 종이처럼 던져진 하루
한숨은 비눗방울같이 떠오르다 사라진다
거울 속 나를 보며 묻는다
언제부터 이렇게 작아졌을까
불빛 아래 그림자는 길게 늘어지고
발밑엔 아무것도 남지 않았다
도망치고 싶은 그늘 공백
그냥 멈추고 싶다
내게 희망이란 말 너무 커서
잡으려면 모래마냥 흘러내리고
사람들 사이에서 내 목소리는
메아리 없이 꺼져간다
그 땅에선 내 그림자가 흔들린다
부서진 말들 속에 뛰는 심장
침묵 속에서도 하루가 뛴다
공허한 루저의 하루가

일상

나비는 꽃술을 나르고
벌은 꿀을 따고 모기는 피를 빤다

거미 같은 나는 한 가닥 뽑아낼 실도 없이
줄 하나 칠 솜씨도 없이

텅 빈 허공만 베어 먹는다

비 오는 밤
플라스마를 흘리는 형광등 아래
시의 낟알을 줍는다

틈,
그 터널에 갇혀 날개 잃은 나비가 된다

신은 모른 척 한다

하루 지난 빵처럼 외롭다

이태원의 그 별들

가을 한 귀퉁이가 핏빛으로 물드는 하늘
콩 튀듯 뛰는 맥박이 와르르 내려앉는다
칼날 같은 비명, 어둠에 찢겨 메아리치고
겹겹이 쌓여 짓눌린 핏자국이다
일어설 수 없었던 조약돌의 무릎들이
158명의 하얀 맨발이, 먼 하늘의 별이 되었다
그 별들의 눈물이 골목에 맴돌다 창에 어려 잠든 밤

누구의 죄인가!

심장 한 켠이 소금 뿌려진 듯 아리다
모래알 같은 밥알이 씹히지 않는 일상이다

헬러윈코스튬을 입은 잭오랜턴* 꿈은 허공에 흩어지고
앙상한 가지만 바람에 윙 ~ 윙 ~
가을을 통곡한다
그 영혼의 아픔이 연처럼 창에 걸려

우주의 넋이 된 푸른 별들
별들의 못다 한 언어들이 해금의 '나 가거든' 연주로 퍼진다
북창으로 기우는 슬픔의 옷이 너무 크다
저물어가는 주검의 골목에 언제
빛이 들까

---

* 잭오랜턴: 호박에 양초를 넣어 도깨비 눈이 반짝이는 것처럼 만든 것

바리스타의 일탈逸脫

커피를 탈까

가을을 탈까

타마 열차를 탈까

어딘가로 떠나고 싶은 날

무너지는 기둥

발을 내딛는 순간
몸이 주저앉는다
무릎이 울컥, 비명을 삼킨다
모래 위 기둥처럼
천천히 무너지고 있다
길이, 길인 줄 모르고
수십 만 발자국을 지나왔다
이제 한 걸음이 천 개의 바늘이 되어
관절을 찌른다
바람이 스친 자리마다
불꽃이 피어난다
무릎이 더 이상 세상을 밀어주지 않는다
기억이 부서진다
길이 사라진다

슬럼프

숨고 싶다
내 안에 시가 숨는다

울고 싶다
내 안에 시가 운다

매일 시 밥만 지어 먹어도
시는 내게서 자꾸 도망간다

모락모락 가난으로 피어나는 시

마음밭 갈아 시의 혈관을 찾아본다
획을 긋는다

도톰한 시 한권 담아내려
꿈을 박음질 한다

엘리사벳

손을 담그고 싶은 시월의 가을 하늘
안나회 성지순례 가는 날이다
활처럼 휜 등으로 밀차를 밀고
달팽이 걸음으로 느릿느릿 버스에 오르는 한 노인
흰머리가 수국화같이 바글바글 뽀얗다
포천 광암 이벽 성지, 수풍석 미술관을 닮은 듯
현무암으로 지은 기념 성당이다
묵주알 굴리며 기도하던 그 노인
비닐봉지 하나도 아까워 꼬깃꼬깃 다시 접어
가방에 챙겨 넣던 그 자매님
이십 여 년 동안 굶어가며 일만 하셨다는 할머니
오백만 원의 거액을 선 듯 봉헌하셨다
갈퀴손이 성스러워 보인다
한 폭의 그림을 본 듯 황혼의 햇살이 따뜻하다
내 마음의 누더기를 벗은 듯
무명 올 같은 웃음으로 숨 고르는 하루
할머니의 밀차 바퀴가 순한 강아지처럼 돌돌 잘도 따라 간다
그는 신의 딸 엘리사벳이다
내 마음의 봉헌은 언제 전달될까

5부

내 삶의 바이올린

거울 속 그림자

빛바랜 사진처럼 낯설다
이마에 새겨진 세상의 틈
눈 밑엔 쇠한 시간이 눕고
입술은 오랜 침묵을 물고 있다

어느 화가도 완성치 못해 찢긴
캔버스 위에 남은 미완의 스케치인 듯
젊은 날 천둥 같은 목소리는 먼지 속에 갇히고
금이 간 유리되어 부서지는 낯
지워진 선 끝에서 나를 바라본다
나였던 것들과 나일 것들의 경계

바람 소리가 문틈을 긁는 이 밤
심장 한 모퉁이에 남은 한 줄의 시
번갯불처럼 튀는 붉은 파편들 모아 붓을 든다
새로운 삶을 헤엄칠 맥박이 뛴다

2월과 3월 사이

할미꽃같이 등 굽은 달이 추워서 돌아눕는 밤
어둠의 땅을 짚고 눈 내린 골목길에 푸른빛을 달군다
소금 같은 염화칼슘이 서걱서걱 부서지듯
으깨어지는 시간들
한 해를 헐겁게 박음질해 본다

잠들지 못한 가로등이 어둠의 늪에서 서성거린다
우물 속 그 가슴 안에 방생해둔 상처들이 헤엄친다
지구를 삼천 바퀴 돌다 오려나
사라진 오토바이 소리마냥 먼 기별
그 기다림이 아득하다

먼지 낀 더께 사이로 셔터를 내리고
나는 고해소 앞에 섬처럼 엎드렸다
신의 율법 아래서 귀 열고 그 말씀을 듣는다
내가 죄지은 티끌이었음을

제비가 물고 올 박 씨 같은 소식을 기다리듯
하늘의 계시인 듯
멀리 사라진 오토바이 소리에
나는 오래도록 닫힌 창틀을 향해 귀 기울인다
천년의 어둠을 삼킨다
긴 ~ 긴 ~ 터널 같은 시간을

내 삶의 바이올린

현은 검푸른 어둠을 긁어낸다
지판 위에 왼손은 지나간 날들을 짚고
활을 든 오른손은 익숙한 허공을 켠다

잊혀진 골목처럼 휘어진 가슴의 저음
먼지 쌓인 기억들이 덜컥 굵은 소리를 내는 G현

폐허 속에서 웃는 정오 같은 목소리의 조각들
그 끝에 피어나는 음의 유령 D현

아직 지워지지 않는 말들이
눈동자 속에 매달려 묻는 질문 같은 A현

금이 간 하늘의 실금, 가장 날카로운 고음의 틈
내 안의 마지막 울림 E현이다

나는 매일매일 이 바이올린의 심장을 긁는다
삶을 조율하며 나를 위한 나의 노래
방 안은 4현의 떨림으로 가득 찼다

빈 방의 침묵을 몰아내고 내 생을 복원하듯
밤의 골격이 무너질 때까지 심장을 짚는
마지막 3포지션……

늪

코끝에 내려앉는 바이러스
폐 안에서의 숨결은 파도같이 출렁인다
기침은 블랙홀의 언어
핏빛 파편들이 갈-갈-갈- 벽을 긁어낸다
골-골-골- 목젖을 스친다

밤마다 고열은 나를 태우고
숲속의 짐승처럼 일어나는 기침
몸의 리듬이 부서지고 눈꺼풀 안에
하얀 백야가 자란다

감기의 늪
그 검은 곳으로 떨어지는 나
폐렴으로 가신 엄마의 넋이 데리러 온 걸까
몸속의 탁본이 검게 번진다

내 기억은 꺼진 램프
숨 쉴 때마다 칼날 같은 공기가 파고들어
쇳소리가 갈라진 바람 사이로 숨을 채운다

숨 대신 붉은 별을 토하는 깊은 늪
밤이 부서진다
숨죽인 별들도 돌돌 말려 자취를 감춘다

망향탑

한 뼘의 꿈은 있어도
나는 없다

한 벌의 몸은 있어도
나는 없다

적막의 포로
비운의 왕 단종

하늘이 울고, 땅이 울고
내가 운다

허리 휜 바람이 쉬어가는
텅 빈 망향탑

천 근의 침묵이다

일터

가난의 맨발로 나선 서툰 노동
숨쉬기조차 힘든 일터다

기차 화통 같은 김 팀장의 목소리가
내 귓바퀴를 찌른다
동전양면 같은 속내가 도돌이표로 남는다

운동량보다 더 먹으면 살이 찌듯
분노를 먹는 밤

슬픔이 찐다, 불면이 찐다

삶의 온도에 불을 지펴
연둣빛 같은 봄밤의 언어로

푸른 싹을 띄우고 싶다
내 그림자를 되찾고 싶다

하루를 파먹다 남긴 빈껍데기가
어둠의 불면을 옥죄고 있다

문장의 산실

봄처럼 짧게 살다 간 유정의 생각을 컨다
여든여섯 해가 그림자를 켜고
산동백 위로 오는 기억 저편
유정이 건너온 생의 디딤돌이 봄을 키운다

밤마다 아귀같이 달려들던 병마
닭벼슬 같은 선혈을 토하며 싸운 통증들
죽음의 순간까지 붓을 쥔 영혼과 영혼의 승화

금병산 묵은 잠을 깨워 문학의 돋음 발로
우리 근대문학의 산실이 된 실레마을

그 마을에 투 욱 투 욱 ~ ~
터지는 문장의 파열음
오렌지빛 햇살에 노오란 병아리 꽃이 핀다
알싸한 유정의 생이 출렁이는
봄, 봄이다

묵상

스페인 산티아고

"용서의 언덕에 선다"

용서,

힘든 게 아냐

그냥

죄한테 가슴 한 귀퉁이

내주면 돼

바람 부는 용서의

언덕에 서서

유정, 순례길

삼십여 편의 글을 동여맨 실레마을 이야기 길
열여섯 마당의 근대문학 길에서
대한의 톨스토이를 꿈꾸었던 천재작가를 만났다

불꽃처럼 짧게 살다간 스물아홉의 삶
별이 된 아픔이 한 움큼 내 심장으로 건너와
지진이 인다

꿈틀대는 문학의 갈피를 톺아보는 노란 봄날
알싸한 동백꽃 향기로 걸어오는
유정의 발자국 소리

문학 순례길 걷는다 봄·봄 봄길을 걷는다
지구 한 귀퉁이가 동백꽃으로 물드는
삼월 스무아흐렛날

봄·봄이다

바람이 주섬주섬 봄을 챙기고 있다
쿵쿵, 봄을 깨우는 금병산 심장 소리
툭툭 노란 꽃망울 터트리는 동백꽃 웃음소리

봄을 부른다
유정의 넋을 부른다

가난과 병마로 붉은 선혈 쏟으며
붓을 쥔 그 창작의 영혼
소나비처럼 짧은 해학과 익살로 퍼붓고 떠난 유정의 삶
누렇게 말라버린 아픔들이
비강鼻腔을 뚫고 알싸한 향기로 내려앉는
삼월 스무아흐렛날

점순이의 봄 감자 주렁주렁 옛이야기 매단 채
열여섯 어린 봄이 점순이 키만큼 발돋움하는
바람의 수신호,
실레마을이 환하다

낮술

석파령너미길* 성황당, 벗나무 허리에
경비견처럼 기대놓은 자전거 한 대가
술의 올무에 걸려 꿀꺽꿀꺽 술 잔 속으로
코를 묻고 들어가는 김씨를 쳐다본다

밑창이 낡아 벗겨진, 한쪽 신발이
먹다 버린 술병마냥 김씨의 발밑에서 뒹굴고
실개천에 발이 빠진 낮달이 일렁일렁
김씨의 삶처럼 방향을 잃는다

아비가 남긴 유전자의 피톨들이
이리저리 그의 혈장 속을 떠다닌다
놋쇠 같은 맨발로 빈 집을 향해 걸어가는
김씨의 어깨에 노을이 걸리고
허기진 그림자는 그의 등을 밀고 간다

무슨 말인지 한을 풀어내듯
중얼거리는 목소리는 허공에 맴돌고
얼룩진 술의 언어는 바람처럼 사라진다
한낮의 낮달도 한 잔의 낮술로 기울고
텅 빈 성황당은 김씨의 술잔처럼 허허롭다

* 석파령너미길: 춘천 서면에 있는 고갯길의 이름

붉은 낮달

실레마을에 떠오르는 별 하나
노란 꽃봉오리 타고 걸어온다

세상에서 가장 슬픈 편지를
친구에게 보낸 그 사연

"살고 싶다"

"일어나고 싶다"

유서처럼 남기고 간 유정의 심장 한끝
실레마을 지붕에 낮달로 떠 흐른다

유정의 봄날

병풍 같은 금병산 자락에
산동백이 점순이 얼굴로 피어나는 실레마을
가지마다 하얗게 웃고 있는 꽃봉오리
톡-톡-톡- 가슴 열고 가쁜 숨 토한다

삼백예순 닷새, 실레마을을 지키고 있는
유정의 기침 소리, 허리 펴는 소리,
혈서처럼 '겸허'란 두 글자 책상 앞에 붙여 놓고
100원을 구하려 가슴앓이하던 호소와
맨드라미 꽃잎같이 토해내던 붉은 선혈이
노란 동백꽃잎으로 피어나는 이 봄날

스물아홉 이 지상에 이름 석 자 그림자로 남기고
빈 의자 같은 외로움이
마른 잎새처럼 떠도는 유정의 순례길

아픈 그의 정수리에 봄 햇살 한 다발 풀어
살포시 덮어주고 싶은
유정의 봄날

실레마을의 봄

걸음마다 님의 아픈 넋이
길목마다 님의 짧은 생이
노랗게 가슴 에이는 3월의 봄

유자빛 햇살에 투욱투욱
근대문학의 작품들이 터지는
실레마을의 봄

님의 숨결이 환한 불길로 타오르고
기억의 액자 속에
하얀 낮달 하나 걸려 있다
김. 유. 정

윤희순 의사를 기억하다

윤의사의 발자취와 가르침을 경전처럼 읽었다
일제 치하의 변화를, 붓을 들고 총을 들고
나라 잃은 끈을 쥐고 첫 여성 의병으로 내 딛던 발걸음

살이 찢겨도 뼈를 갈아도 나라 찾기에 타는 목마름
소리 없는 아우성으로 혼신의 넋을 바쳤다

그의 생은 조국과 민족이요 맞수 없는 여장부다
3대가 이어온 소낙비 울음 같은
한 권의 갈피갈피는 삼켜지지 않는 심장의 울림이다
손톱 밑 가시로 통증이 인다

60년 동안 랴오닝성 옥수수 밭에 봉분도 없이 계신 영웅,
이제 꿈꾸던 조국의 품으로 오셨다

꽃가마 타고 16세 소녀가 건너온
춘천 남면 황골 언덕에 남편 유제원과
고단한 몸을 안고 꽃처럼 잠들었다

춘천 박 씨 부인

퇴계 이황의 어머니
여덟 남매를 업고 뼈아픈 세상을
읽어낸 굽은 홀어머니의 삶

서른두 살 여린 몸이 누에치기 농사짓기로
밥술을 뜨며 근근이 살림을 꾸려간 가시밭길
부려놓은 시간들 속에 다 울지 못한
선홍빛 슬픔들이 엉켜 뿌리를 일으킨다

글이 짧아도 의義를 비유하는 까닭이 사군자 같고
대학자를 키운 2할은 무릎교육이요
8할은 박 씨의 채찍질이다

"신은 곳곳에 다 있을 수 없어 어머니를 만들었다"는
유대인의 격언처럼
조선의 어머니!
춘천의 어머니!
어머니는 신이다
조선 교육의 대이름씨다

상처

방 안 가득 한숨이 산다

때론 비좁다고

때론 숨 막힌다고

방문을 열어도

와르르르~~~

거실까지 따라 오는

통증

김선경 시집

화석이 된 발자국

발행 2025년 11월 05일
지은이 김선경
펴낸곳 도서출판 태원
24349 강원특별자치도 춘천시 서부대성로 110-2
TEL (033)255-0277 E-mail tw0277@hanmail.net

ISBN 979-11-6349-153-8

값 13,000원

ⓒ김선경, 2025, korea

이 책은 저작권법에 의하여 보호를 받는 저작물이므로 무단 전재와 복제를 금합니다.

이 도서는 강원특별자치도 강원문화재단 후원으로 발간되었습니다.